FSC
www.fsc.org
MIX
Papier aus verantwortungsvollen Quellen
FSC® C021195

ISBN 978-3-7432-1098-1
1. Auflage 2021

Dieser Titel enthält die Einzeltitel *Viel los in Frühling, Sommer, Herbst und Winter!*, *Viel los auf dem Biobauernhof!*, *Viel los im Garten!* und *Viel los im Wald!*

Umschlagillustration: Christine Kugler
Innenillustrationen: Christine Kugler, Eleni Livanios
Umschlaggestaltung: Ramona Karl
Coverschild: Sketchepedia – Freepik.com
Printed in Germany

www.loewe-verlag.de
www.naturkind.org

Mein großes buntes

Natur Wimmelbuch

LOEWE
NATURKIND

Inhalt

Christine Kugler

Viel los in Frühling, Sommer, Herbst und Winter!

Schau, der Winter verabschiedet sich langsam. Und während die Eichhörnchen aus ihrer Winterruhe erwachen, um die ersten Sonnenstrahlen zu genießen, feiern Lotta und Ben gemeinsam mit ihren Freunden Karneval. Was für ein Spaß! Aber was hat Opa denn mit dem Würstchen vor?

Der Frühling ist da und die Bäume im Garten von Familie Weber erblühen in den schönsten Farben. Welche Früchte dort wohl wachsen werden? Die Enten im Teich und auch andere Vögel versorgen ihre Jungen in den selbst gebauten Nestern. Wie aufregend! Doch Ben und Lotta haben nur Augen für die versteckten Ostereier. Kannst du auch welche entdecken?

Es wird immer wärmer und die Kühe grasen nun auf der saftigen Wiese. Währenddessen wird im Garten fleißig Fußball gespielt und zum ersten Mal gegrillt. Mmh, riecht das lecker! In Omas Nutzgarten sind auch die ersten Beeren reif. Die werden aber erst zum Nachtisch gegessen, da hat sie ein Auge drauf!

Puh, ist das warm! Zur Abkühlung verbringen Lotta, Ben und ihre Freunde die Sommerferien am liebsten im Wasser. Aber eine Regendusche von Opa ist das Beste! Die Bauern haben im Sommer keine Zeit zum Ausruhen. Das Getreide auf den Feldern ist reif und muss geerntet werden. Das ist ganz schön viel Arbeit. Ob Familienhund Sam ihnen dabei zuschaut?

Im Spätsommer ziehen viele Vögel gen Süden, um Nahrung zu finden, und auch die Bäume haben sich verändert. Die Pflaumen, Birnen, Äpfel und Karotten sind weiter gewachsen und nun reif, da brauchen Mama und Papa jede Hilfe bei der Ernte! Aber wonach sucht Oma denn auf dem Boden?

Der Herbst mit seinen bunten Blättern ist Lottas absolute Lieblingsjahreszeit: Grimassen in Kürbisse schnitzen, Drachen steigen lassen, in Pfützen springen und dabei so richtig dreckig werden! Auch Hund Sam mag den Herbst besonders. Doch wo versteckt er sich nur?

Die ersten Tiere bereiten sich in Ruhe auf den Winter vor, doch bei Familie Weber ist noch einiges los. Der Laternenumzug endet diesmal in ihrem Garten. Sie haben leckeren Kakao vorbereitet, ein wärmendes Feuer angezündet und zum Abschluss singen alle gemeinsam. Ach, wie gemütlich! Das findet auch der kleine Siebenschläfer. Nur der Krähe scheint der Trubel gar nicht zu gefallen.

Es ist tiefster Winter. Ben nutzt den Schnee für eine rasante Schlittenfahrt mit Oma, und Lotta gerät mitten in eine Schneeballschlacht. Brrr, ist das kalt! Sogar der große Teich ist zugefroren und die Enten haben sich in ihr Häuschen zurückgezogen. Wie schnell doch das Jahr vergangen ist …

Christine Kugler

Viel los auf dem Biobauernhof!

Diesen Sommer machen Jule und Franz Ferien auf dem Biobauernhof. Früh am Morgen helfen die beiden schon fleißig mit: Franz gibt einem jungen Kälbchen die Flasche und seine Schwester schaut der Bäuerin beim Melken zu. Eigentlich wollten sie mit der grauweißen Hofkatze Miri spielen, aber die ist nirgends zu entdecken. Kannst du sie finden?

LAMA - RANCH
BIO - HOF

Miri ist auf einen Baum geklettert,
von dort hat sie alles im Blick: die Ziegen und
die Schweinchen. Und bei den Schafen ist es Zeit
für die Schur der Wolle, da will Franz unbedingt dabei
sein. Während die anderen Kinder auf dem Bach kleine
Schiffe schwimmen lassen, füttert Jule die süßen Hasen
mit Möhren.

Zur Mittagszeit wird es immer heißer, da freuen sich alle Urlauber über eine Abkühlung im See. Franz und Jule finden die großen Traktoren aber so spannend, dass sie den Bauern lieber bei der Erntearbeit zuschauen. Oh, am Himmel gibt es auch etwas zum Staunen!

Bei der Gartenarbeit darf jeder mithelfen, nicht nur die Bienen, die die Blüten bestäuben. Franz sammelt alle reifen Äpfel auf der Obstbaumwiese ein. Ob Jule hofft, die Katze Miri in einem Maulwurfshügel zu finden? Der Hund scheint da eher auf der richtigen Spur zu sein …

Kannst du Miri hier entdecken? Sie hat sich zum Bio-Hofladen geschlichen, wo die Hühnereier und das frisch geerntete Obst und Gemüse mit vielen anderen Leckereien verkauft werden. Vielleicht will sie ja etwas zum Fressen stibitzen? Franz und Jule kaufen gerade für das Sommerfest heute Abend ein.

Hofladen

Bevor das Fest beginnen kann, sollen die vielen frei laufenden Tiere zurück in ihre Ställe gebracht werden. Auch die Traktoren fahren von den Feldern zurück in die Scheune. Dort hat sich Franz hinter ein Steuer gesetzt und übt schon mal. Jule spielt gern auf der Rutsche, auch wenn sie lieber Katze Miri streicheln würde. Halte die Augen nach ihr offen!

Kaffee & Kuchen
Bratwürste
Fischbrötchen
Forelle
Rollmops

Hui, jetzt geht es aber rund! Zum großen Sommerfest auf dem Biobauernhof sind so viele Gäste gekommen, dass schnell noch einmal Brot gebacken werden muss. Jule und Franz haben einen Riesenspaß: Sie tanzen mit den anderen und haben endlich Katze Miri gefunden, die sich mit ihnen zur Musik dreht.

Eleni Livanios

Viel los im Garten!

Endlich sind alle da! Jule und Franz freuen sich schon lange auf den Besuch bei Oma Emma. Ein Garten voller Abenteuer wartet auf sie. Und da scheint noch jemand froh zu sein, dass die ganze Familie zusammenkommt. Kannst du ihn sehen?

Hinter dem Haus wird schon ausgelassen gespielt. Tim probiert gleich die neue Rutsche aus. Aber Jule und Franz wollen zuerst zum Hasenstall, um Fienchen zu begrüßen. Doch wo ist das graue Kaninchen?

Während die Geschwister überall nach Fienchen suchen, steht schon der leckere Kuchen auf dem Tisch, den Oma Emma für Luisa gebacken hat. Jetzt kann die Geburtstagsfeier beginnen! Und sogar die Katzen bekommen eine kleine Leckerei.

Nach dem aufregenden Geburtstagskaffee möchte sich Oma Emma auf ihrer Lieblingsbank ausruhen. Ob das bei den herumsausenden Papierfliegern klappt? Und während Anna im Baum ein ruhiges Plätzchen gefunden hat, sind Jule und Franz immer noch auf der Suche nach Fienchen. Wo versteckt sich das kleine Kaninchen bloß?

Auf der Obstwiese zieht Oma Emma die Waben aus dem Bienenstock, um Honig daraus zu machen. Vielleicht können Jule und Franz nachher ein Glas mitnehmen? Die ersten Äpfel werden auch gepflückt und Anton sollte eigentlich die Blumen gießen. Doch da gibt es wohl etwas, das ihm mehr Spaß macht.

Obwohl es langsam dämmert, kehrt im Garten noch keine Ruhe ein. Hier wird noch Rasen gemäht, dort mit den Schafen geschmust und Jule hilft Oma Emma beim Ernten des Gemüses. Jule, schau doch mal, Franz hat Fienchen gefunden!

Die Geschwister sind sehr froh – jetzt können sie doch noch mit dem Kaninchen spielen.
Zum Glück bringt Mama ihnen etwas zu essen, die Apfelpfannkuchen von Oma Emma möchten sie nicht verpassen. Und gegrillten Fisch aus dem Weiher gibt es auch. Was für ein schöner Sommertag im Garten!

Christine Kugler

Viel los im Wald!

Heute ist ein ganz besonderer Tag für die Kindergartengruppe „Kleine Füchse“: Es geht in den Wald! Und was entdeckt Lotta dort als Erstes? Ein Insektenhotel, in dem sich fleißige Bienen ausruhen können. Aber eigentlich halten alle Kinder nach dem kleinen Fuchs Ausschau, von dem sie schon so viel gehört haben. Siehst du, wo er sich versteckt?

Zwischen den Steinen schaut der kleine Fuchs hervor und hat alles ganz genau im Blick: Jan und Emily sammeln Müll auf, Mia beobachtet den Ameisenhügel und Paul liegt auf der Brücke und lässt sein Papierboot in den Fluss gleiten. Na, hoffentlich stört das nicht den Biber, der gerade sein Zuhause baut!

Auch im Wald-Tierpark ist einiges los! Die Kinder lernen, wie die kleinen Ferkel von ihrer Mama gesäugt werden, und dürfen die Esel, Ziegen und Ponys füttern. Doch oh, wer hat denn da noch Hunger und knabbert an Klaras T-Shirt?

Zur Mittagszeit versammeln sich alle zu einem großen Picknick. Während die Zwillinge Max und Tim herzhaft in ihre Brötchen beißen, erklärt der Förster, dass man an den Ringen im Baumstamm das Alter des Baumes erkennen kann. Auch die Forstarbeiter sind fleißig bei der Arbeit und haben einige Zuschauer. Ob der kleine Fuchs auch zuguckt?

Zur Abkühlung geht es zum kleinen Waldweiher, an dem sich alle austoben. Jan, Klara und Ben wollen mit ihrem Piraten-Schlauchboot in See stechen, aber Emily versucht, sie mit einer Wasserfontäne an der Flucht zu hindern. Ob das klappt? Zum Glück ist Frau Merle nicht weit und passt auf, dass niemand über Bord geht.

Hui, das ist aber eine steile Felswand! Während die Erwachsenen klettern, helfen Jan, Louis und Finn, das Seil zu sichern. Die anderen „Kleinen Füchse“ erkunden lieber das Gelände und trauen sich sogar in die Steinhöhle, um nach Fledermäusen zu suchen. Und wo steckt eigentlich der kleine Fuchs?

Bevor der Waldausflug zu Ende geht, wird noch gemütlich zusammen gegrillt. Mit allem, was dazugehört: Würstchen, Stockbrot und Lagerfeuerliedern! Aber auch auf dem Waldspielplatz haben Emily, Mia und Luca richtig viel Spaß. Und als sich dann auch noch der kleine Fuchs zeigt, sind sich alle einig: Das war ein toller Tag im Wald!

Das will ich lesen!

ISBN 978-3-7432-0849-0

Dieser zauberhafte Sammelband vermittelt schon den Kleinsten anhand lustiger Tiergeschichten, dass Hilfsbereitschaft, ein rücksichtsvoller Umgang miteinander und unsere Unterschiede das Leben schöner machen!

- 3 Bücher in einem Band
- Erzählt in kindgerechten Reimen
- Perfekt zum ersten Vorlesen und Kuscheln

Loewe
Das will ich lesen!

Das will ich lesen!

ISBN 978-3-7432-0336-5

Draußen in der Natur gibt es so viel zu entdecken!
Malia und ihr Cousin Felix machen mit ihren Familien eine Wanderung quer durch die Natur.
Sie begegnen heimischen Tieren wie Feldhasen, Eichhörnchen und Störchen, wandern durch Wiesen, Felder und Wälder und machen einen Abstecher zu einem Erdbeerfeld. Schließlich erreichen sie einen kleinen Campingplatz, wo sie ihre Zelte aufschlagen und ein gemütliches Lagerfeuer anzünden.
Was für ein aufregender Tag!

Loewe
Das will ich lesen!